Martina Pokorny

LEBENSTANZ

Ein lyrischer Bilderreigen

Texte, Fotografie und Zeichnungen:
Martina Pokorny

1. Auflage 11/2017
Texte, Fotografie und Zeichnungen:
© Martina Pokorny / www.lebenstanzerei.at

ISBN 978-3-200-05366-3

BÖSMÜLLER
FOR CLIMATE
CO₂-NEUTRAL

Grafik & Layout: Gabriele Karas / kh GrafikDesign
Bildbearbeitung: Mag. Manfred Heiss
Lektorat: Christa Karas
Umschlag Fotohintergrund: © pixelliebe, Fotolia
Gedruckt in Österreich: www.boesmueller.at

Manchmal kann es geschehen, dass ein von uns vorschnell gesetztes ‚Nein' sich weigert, akzeptiert zu werden. So machte sich beim Schreiben der Absage zur Einladung an einem Sonett-Band mitzuwirken, meine Poesie auf mysteriöse Weise selbstständig. Sie floss an einem herrlichen Sommertag 2014 förmlich aus mir in besagte Absage hinein und initiierte damit den Beginn eines wunderbaren Weges – meinen Tanz mit dem Leben in Wort und Bild.

So sage ich herzlich danke, lieber Helmut Hüller, für Deine Wegbereitung. Und schon bin ich mitten drin im Danksagen: Ich danke meiner geliebten Familie, die mir den Halt gibt, aus dem ich mich frei entfalten kann.

Ebenso danke ich all meinen lieben Herzensmenschen, die mich ermutigen und begleiten. Sie alle sind mir Quelle zahlloser Inspirationen.

Und nun lassen wir den Tanz beginnen:

Darf ich bitten!

WIE ALLES BEGANN

Der Hüller kam: „Geh sei so nett
und schreib' fürs Buch mir ein Sonett."

Ich soll Dir schreiben ein Sonett?
Mir stieg der Schweiß gleich auf die Stirn –
Oh Helmut, ich bau' Dir gern ein neues Haus,
doch mit Poesie sieht's bei mir dürftig aus,
das Schreiben war schon in der Schul' mir Graus!

...da kam mir plötzlich die Idee –
ich kann's zwar nicht, doch sie kann's eh!

Mit SIE mein' ich mein liebes Weib,
ist gern' kreativ – zum Zeitvertreib.
Nach kurzem Zieren ist's so weit
sie dichtet los auf Messerschneid.

So fragen wir liebes Hüllerlein:
„Darf gedichtet denn nur solo sein?
Wir finden es wär' doch richtig nett,
zu dichten, so ein Sonett – im Duett!"

INHALT

INNENSCHAU

INNENSCHAU

Sanft umhüllen uns
der Nebel Schleier,
bunte Farben
ergeben sich dem Grau.
Es ist die Zeit des Resümees,
der ausgedehnten Innenschau.

Im Gewahrsein
des zyklischen Kreises
von Werden und Vergehen,
schöpfen wir,
liebevoll dankend den Ahnen,
Kraft aus der Stille.

LEBEN WILL ICH

Ich will mich nicht leben lassen,
tatkräftig will ich mitanfassen.
Statt vor Sorge zu vergehen,
will fürsorglich ich sein,
liebevoll beistehen!

Neues soll immer wieder
mich zum Staunen bringen,
ein Loblied auf die Schöpfung
will ich singen,
will mich von alten Mustern lösen,
alles so betrachten,
als sei's noch nie gewesen.

Ich will nicht in Gewohnheiten erstarren,
will mir meine Begeisterung bewahren.
Will mich nicht im Banalen verlieren,
mutig will ich sein, will was riskieren!

Lieben will ich
und mich lieben lassen.
Ja, die Liebe, sie soll mich
in jeder Faser erfassen!

ZAUBERREICH

Des Mondes goldener Schein,
verwandelt in tiefschwarzer Nacht
die Welt, in ein mystisches Land
der Träumereien – ein Zauberreich,
bis aufs Neu' dann ein Tag erwacht.

LA LUNA

Weise Göttin,
erneut hast
um den Schlaf
Du mich gebracht.

La Luna,
Dein heiliger Schein
lässt sinnieren mich
über mein Sein.

La Luna,
Dein gläserner Ton
durchdringt mich
mit Inspiration.

La Luna,
mein Dank
Dir zugedacht,
Du weise Göttin
der Nacht!

GLEICHKLANG

Mir geht so richtig das Herz auf an diesem Ort,
freudig erregt und zutiefst ruhig zugleich,
fühl' ich mich federleicht und unendlich reich.
Gleichklang – was mich belastet spült er fort.

Wo fang' ich an, wo hör' ich auf?
Um mich herum ich alles vergess',
in mir klingt und schwingt es –
völlig verwoben in des Lebens Lauf.

Einen Augenblick nur
eins mit der Natur
zerbrechlich wie Glas.

Ein Moment Verbundenheit
ohne Raum und Zeit –
aufgelöst – kennst Du das?

STILLES GLÜCK

Die Kraft der Farben
raubt mir den Atem.
Machtvoll reißt sie mich
aus meinen Gedanken –
zurück zum stillen Glück
wahren Seins.

ALTE HEIMAT

Mild senkt der Abend sich übers Land,
der Donaustrom ein glitzernd' Band.
Oh, alte Heimat zu meinen Füßen,
der Wind lässt mich von Dir grüßen.

Obwohl schon so lang fort von Dir,
trag ich Dein Bild ganz tief in mir,
hat eingebrannt sich in meine Seele,
ich spür's am Kloß in meiner Kehle.

Zärtlich meine Blicke schweifen
sanft übers Grün Deiner Wälder
und Felder, die reifen.

Der Lichtschein dieser Zärtlichkeit
verwandelt die Ergriffenheit
in innige Verbundenheit –
und tief empfund'ne Dankbarkeit.

LEBENDIGKEIT

LEBENDIGKEIT

Will herzhaft mich dem Leben zuwenden,
denn was beginnt, das wird wieder enden.
In allem ist Schönheit und Gutes zu sehen,
sowohl im Werden als auch im Vergehen –
meine Antwort auf die Endlichkeit:
erfüllende Lebendigkeit.

WAHRE NATUR

Unsere wahre Natur offenbart sich
in den Momenten unseres Lebens,
in denen wir zurückgeworfen werden
auf unseren Ursprung, unser nacktes Sein,
auf unser unabdingbares Eingebundensein
in den Kreislauf des Lebens.

ERFOLG

Erfolgreich zu sein –
bedeutet das Ansehen und Ruhm?
Damit hat Erfolg nur am Rande zu tun –
was da glänzt, ist nur äußerer Schein...

Erfolgreich ist, wer es schafft,
beständig seinen Weg zu gehen
und andren dabei beizustehen,
zu finden ihre innere Kraft!

Wer in sich ruht,
macht anderen Mut
im Weltgetriebe!

So mein' ich dreist -
das Erfolgsrezept, es heißt –
schlicht und einfach LIEBE!

DER WEG

Angelegt um leichter voran zu kommen,
geebnet durch Fleiß und Zielstrebigkeit,
gepflastert mit den Spuren der Ahnen,
gesäumt von schützender Geborgenheit,
weist er, hoffnungsvoll in warmes Licht getaucht,
offen zum Ziel Deiner Wahl.

LICHTSEGEN

Mögen die Lichtstrahlen,
die auf Deinen Weg fallen,
Dich stets leiten und auch
in dunklen Stunden begleiten!

GANZ DA

Plötzlich bist Du ganz da –
kein Gedanke,
der Deine Aufmerksamkeit stört,
nichts was Dich jetzt
ablenken könnte –
Du bist eins mit diesem Moment,
Du bist dieser Augenblick!

30

VERDORRT

Wo Regen fehlt, verdorrt das Land.
Wo Liebe fehlt, vertrocknet alles Leben.

Lasst uns dem Wasser gleichen,
das auf verdorrte Erde fällt.
Lasst uns Liebe leben, die den Durst stillt.
Unseren eigenen und den der anderen.

Wo Regen ist, grünt das Land.
Wo Liebe ist, blüht alles Leben.

ICH SEHE DICH

ICH SEHE DICH

Ich sehe Dein Leid,
sehe es durch
meine Augen,
fühle Deine
Gefühle.

Ich sehe Hintergründe,
verstehe Beweggründe,
sehe Tatsachen,
verstehe Ursachen.

Ich respektiere
Deinen Weg,
werde Dir weder
Auswege zeigen,
noch Dein Leid
betreten.

Ich sehe Dich!
Ich fühl' mit Dir
und reich' Dir
meine Hand.

HERZLICHKEIT

Menschen,
die einander verstehen,
eigne Wege gehen,
die zusammenstehen.

Menschen,
die gerade sind,
für Trauer nicht blind,
die lachen wie ein Kind.

Menschen,
die Halt geben,
Netzwerke weben,
die Liebe leben.

Menschen,
zum Handeln bereit,
voller Dankbarkeit,
leben Herzlichkeit!

GELEBTE FREUNDSCHAFT

Da, wo es kein hin und her rechnen gibt,
wo keiner den anderen übertrumpfen will,
da haben Neid und Eifersucht Pause.

Da, wo man sich gegenseitig inspiriert,
wo Zuversicht und Vertrauen regieren,
da gibt es Seelennahrung zur Jause.

Da, wo Tränen und Lachen Platz haben,
wo man sich herzlich miteinander freut,
da lebt die Freundschaft, da ist sie zu Hause.

DU UND ICH

Ich nehme mir Raum,
erzähle,
lasse mich fallen
und umsorgen.

Du gibst mir den Raum,
hörst mir zu,
fängst mich auf,
bist für mich da.
Du bist offen für mich.

Bin ich offen für Dich?

BEGEGNUNG

findet immer dann statt,
wenn wir uns aufeinander
einlassen.

HERZENSWUNSCH

Ich wünsche Dir, dass Du nach
Deinem Herzenswunsch forscht,
ihn enthüllen kannst und erkennst,
was Dir den Weg zu ihm verstellt,
um es beseitige zu können.

Ich wünsche Dir, dass Du Dir
Deiner Gaben und Fähigkeiten
bewusst bist und sie einsetzt,
um Deinen Herzenswunsch
ins Leben zu rufen.

Ich wünsche Dir,
dass Du in Deinem
beharrlichen Streben
immer das Wohl aller
im Auge behältst.

Ich wünsche Dir, dass Dir
Deine Bereitschaft den Weg weist.
Wage den ersten Schritt und
sei Dir gewiss – Du bist geführt!

HERZCHAKRA

GUTE GESPRÄCHE

gründen im Nährboden von Offenheit,
echtem Interesse, gegenseitigem Respekt
und gedeihen durch achtsame Wahrnehmung,
sowohl der eigenen Reaktionen und Empfindungen,
als auch der des Gegenübers.
Ein ausgeglichenes Geben und Nehmen,
ohne Waagschale, nach Bedarf...

KIND DES GLÜCKS

Geliebte Freundin,
Du hast Menschen um Dich, die mit Dir lachen
und weinen, die spüren, ob Du allein sein willst oder
Zuwendung brauchst, die mit Dir Dein Dasein feiern,
die gute Wünsche für Dich in den Himmel schicken,
Menschen, die Dich schätzen und lieben und Dir das
auch zeigen. Du bist ein Kind des Glücks!

Du fragst Dich warum das so ist? Du lachst und weinst
mit uns, Du spürst...

WIE GEHT ES DIR?

Lästig, diese hohle Phrase,
hinfällig, wie eine Seifenblase!

Bloß eine ausgelutschte Floskel sei's,
so poltert mir Dein Unmut entgegen.
(Wirken soll es, als wärst Du kalt wie Eis,
doch in Wirklichkeit bist Du verlegen.)

Denn Du weißt, wenn ich Dich frage, wie es Dir geht,
will ich nicht hören ‚schlecht' oder ‚gut' –
solch' Antwort lässt sinken mir nur den Mut –
ich möchte wissen, wie es wirklich um Dich steht!

Erzähl mir, wie Deine Muskeln
und Gebeine klappern zusammen,
ob Deine Eingeweide zufrieden mit Dir reden,
Herz und Lunge Dich stets rhythmisch beleben.

Was Du fühlst, wenn abends die Sonne verglüht,
will ich ebenso wissen,
wie, wovon Du geträumt hast als Kind
und worüber Du nachts weinst in Dein Kissen.

Sag mir, wie Küsse auf Deinen Lippen schmecken,
und wie das ist, wenn Gefühle sich verstecken...

Sei unbesorgt, Deine Antworten werden mich nicht
verschrecken, doch, eines ist gewiss –
sie werden immer neue Fragen wecken!

DER SCHREI

Sie trauert,
fühlt sich einsam, verlassen.
Sie glaubt sie braucht
einen Menschen,
damit sich das ändert.

Er versucht zu trösten,
schenkt ihr Zeit,
viel Zeit, ist für sie da,
sagt ihr, dass ihr kein Mensch
geben kann, was sie sich selbst
nicht zu geben bereit ist.
Egal was er tut, in ihr ist
immer dieses große, übermächtige
‚JA, ABER...'

Sie trauert,
fühlt sich einsam, verlassen.
Er fühlt sich schwer
und immer schwerer,
er kann nicht mehr.
Da plötzlich löst sich ein Schrei...

RICHTUNG

Impulsfolgend
planst Du konsequent,
überlegst, kreierst,
setzt das Fundament,
delegierst, organisierst,
wählst passend Instrument',
gegen Rückschläge resistent,
ist's auch noch so turbulent!

Vehement aufs Ziel gerichtet,
fokussiert auf den Moment,
den Moment der Vollendung,
setzt Du Dir Dein Monument.
Völlig präsent, das ist Talent,
mein Kompliment!

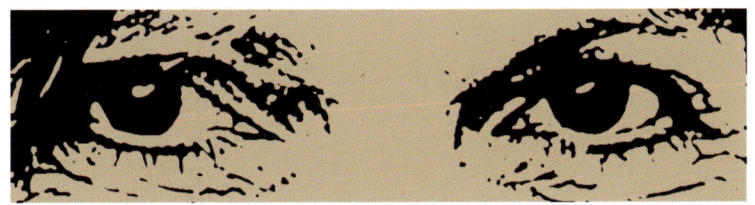

LASS' DICH EIN

Lass Dich ein, lass Dich ganz ein
auf ein Gegenüber, das Dich anzieht,
das Dich berührt.

Wage es, geh' die Verbindung ein,
lass sie zu, lass sie sein,
so sein wie sie ist,
wie sie jetzt gerade ist.

Lad' sie ein, sie ist Dein,
geh sie ein, durch Dein Sein.

Lass Deine Augen sprechen,
lass sie von Empfänglichkeit,
von Wohlwollen sprechen,
von ungeteilter Aufmerksamkeit.

…und Du wirst in Augen blicken,
die genau dies zu Dir sprechen.

DIE VERSCHLOSSENE TÜR

Was wir unter Verschluss halten,
droht hinter den Ranken der Zeit
in Vergessenheit zu geraten.

*Wieder und wieder wurdest Du verletzt. Sorgfältig hältst
Du Deine Gefühle zurück, verschließt Dich,
vor Dir und der Welt – das ist Deine Strategie,
um dem Schmerz zu entkommen.
Dadurch schließt Du jedoch auch die Freude mit ein –
sag, ist dieser Preis nicht zu hoch?*

DEINE MASKE

Heut trägst Du sie wieder,
Deine Maske,
versteckst Dich hinter
Deiner Voreingenommenheit.

Soviel leichter ist es,
eine einmal gefasste Meinung
herunterzubeten,
immer und immer wieder,
als nochmal hinzuschauen,
neu zu denken...
Siehst Du denn nicht, wie schäbig
diese abgenützte Maske bereits ist?

Am liebsten würde ich sie Dir
herunterreißen! Doch damit
würde ich Dich verletzen,
stellenweise ist sie ja regelrecht
mit Dir verklebt...

Nein, verletzen will ich Dich nicht,
will Dich dabei unterstützen, Dich
von ihr zu lösen, Stück für Stück...
Du brauchst sie längst nicht mehr –
bist Du bereit?

BEZIEHUNGSENDE

Ach, ihr lieben Wanderschuh',
getreulich habt ihr mich begleitet,
trotz mancher Qual,
stets Freude mir bereitet –
entlass' euch jetzt
in wohlverdiente Ruh...

SIE SPRICHT

Stille. Alle lauschen. Sie spricht.

Ihre Stimme ist wach und klar.
Sie nimmt ein Wort in den Mund
und lässt es tanzen,
sie lässt es tanzen.

Ihre Augen leuchten. Sie steht frei.
Sie stellt die Worte in den Raum
und ... lässt sie stehen –
sie lässt sie einfach stehen!

Sie ist ganz da,
nimmt jede Silbe wahr.
Sie kostet Vokal für Vokal aus
und lässt uns das schmecken,
sie lässt es uns schmecken.

Stille. Alle lauschen. Sie spricht.
Vielmehr – sie haucht den Worten
Leben ein!

ERMUTIGUNG

Ich frag' mich, warum ist es Dir so wichtig,
dass ich Deiner Meinung bin?
Du sprichst von Dialog, doch in Wahrheit
hältst Du Monologe und heischt um Beifall:
Deine Meinung sei das Maß aller Dinge!

Einwände werden mit einer abwertenden
Handbewegung einfach weggewischt
oder verächtlich der Kopf geschüttelt.
Du hast Dir Deine Meinung gebildet,
unerschütterlich – Du hast einen Pakt
mit Dir selbst geschlossen.

Warum also, frage ich Dich, warum kannst
Du es nicht ertragen, dass auch ich selbst denke?
Dass ich meine Schlüsse ziehe und dass es vieles gibt,
auf das ich im Moment keine Antworten habe,
geschweige denn Lösungen.

Denk jetzt nicht, ich möchte Dir meine Sichtweise
schmackhaft machen, will sie Dir nur mitteilen,
mit Dir teilen und...

Ich möchte einen Schritt weiter gehen –
ich möchte Dich einladen, Deine Gedanken
neben meine zu stellen, um sie mit Dir gemeinsam
betrachten und untersuchen zu können.

Dabei kann es geschehen, dass sich neue Möglichkeiten
aufzeigen und Ideen entstehen, die größer sind als einer
von uns allein sie je hätte erdenken können,
unsere Zuwendung liebt so vielleicht manche Antwort
einfach aus uns heraus...

AM WEGESRAND

Auf der Suche nach Weisheit
pflastern wir unsere Wege
mit Worten aus Büchern
und den Mündern von Gelehrten.
Oft bleibt sie dabei unentdeckt,
stumm und bescheiden
am Wegesrand.

SCHWARZ AUF WEISS

Vehement vertrittst Du Deine These,
verbissen ich die Antithese.
Unsere Meinungen tragen uns
Wort für Wort
immer weiter voneinander fort.

Mein Schwarz gegen Dein Weiß –
längst geht's nur noch ums Gewinnen!
Viel zu hoch ist der Preis,
sag sind wir denn noch bei Sinnen?

Die Sterne vom Himmel zu holen,
hatten wir uns einst geschworen,
unser Traum,
noch ist er nicht verloren.

Eben noch um Fassung gerungen,
allmählich zum Konsens bereit –
unser Ärger fast schon verklungen.

In Bächen schmilzt dahin das Eis,
Du malst Dein Schwarz jetzt in mein Weiß.

MEINE WUT STEHT MIR GUT

Ich bin kein Weibchen, bin eine Frau!
Mir geht's nicht darum, recht zu haben,
und das weißt Du genau.
Du meinst wohl, Du könntest mich
mit Deinen Ausweichmanövern entzücken,
doch ich lass' mir von niemanden
eine Meinung aufs Aug' drücken!

Du scheinst es nicht gewohnt zu sein,
dass Dir wer sachlich kontern kann!
In die Enge getrieben fühlst Du Dich dann
und klein
und wirst dabei durchaus auch mal gemein.

Doch das bringt Dir nicht den erwünschten Sieg,
vielmehr entfachst Du damit erst recht den Krieg!
Denn wenn nicht Meinung neben Meinung
stehen kann, fang ich sofort zu kämpfen an.

Ich will nicht siegen, nicht gewinnen,
Deinen Respekt, den will ich erringen!
Will, dass jeder von uns sagen kann,
hier hör ich auf, hier fängst Du an.
Jeder soll kennen des andren Sicht,
das ist genug, mehr brauch ich nicht.

FASSUNGSLOS

Oh Mensch, wo bist Du?
Ich kann Dich nicht fassen,
Du bist da und doch nicht.
Deine Unfassbarkeit,
sie macht mich fassungslos.

Meine Worte finden keinen Widerhall.
Dein Blick bleibt unerreichbar.
Haltlos prallt meine Zuneigung
an Deiner Ausdruckslosigkeit ab.
Oh Mensch, wo bist Du?

Ich spüre nur Dornen. Die Dornen der Hecke,
hinter der Du Dich verschanzt hältst.

Oh Mensch, merkst Du denn nicht,
wie sehr Du Dich dadurch selbst verletzt?
Deine Hecke ist nicht Schutz, sie ist Kerker.

LIEBE

INEINANDER VERWOBEN

Da wo mein DU anfängt
und Dein ICH aufhört,
da begegnen wir uns,
da sind wir in Liebe
ineinander verwoben.

IN LIEBE VERBUNDEN

Wenn zwei gewillt sind, einander zu stützen,
den nötigen Halt und auch Raum zu geben,
um sich beständig Richtung Licht zu erheben,
dann sind sie wahrlich in Liebe verbunden.

NEUE FREUDEN

Ein Garten
möcht' ich Dir sein,
ein Garten,
in dem Du Dich
entspannen und
Kraft tanken kannst,
der Dich inspiriert
und erbaut
und Dir immer wieder
neue Freuden schenkt!

WASSER UND STEIN

Gleich einem Fels in der Brandung
steht er mitten im Leben
um Orientierung zu geben,
und Halt ihr zu bieten – und Erdung.

Ihr Wesen ist beständig Fliesen –
sanft umspült sie dies Gestein,
schleift beharrlich zu runderem Sein,
um sich – so geankert –
stets aufs Neu' zu ergießen.

So haben Wasser und Stein,
im gemeinsamen Sein,
auch manchen Sturm
gut überwunden.

Jeder für sich,
das Du und das Ich
in Liebe verbunden.

WUNDER GESCHEHEN

Als sie schlief hielt sein Blick sie zärtlich umfangen,
er wollte sie beschützen, sie einhüllen in seine Liebe.

Als sie schlief hat er sie gehalten, wie ein Kind,
hat von Geborgenheit und Vertrauen zu ihr gesprochen.

Als sie schlief hat er ihr ein Schlaflied gesungen und dabei
ihre Ohren berührt, damit sie alles Gute hören können.

Als sie schlief legte er seine Hand auf ihren Scheitel,
damit sie ihr Eingebundensein ins große Ganze erfahren kann.

Als sie schlief hat er ihr Herz berührt
und hat ‚Liebe' gedacht – Liebe, Liebe, Liebe...

Als sie schlief hat sie ihn tief berührt mit ihrem reinen Sein,
das nichts tun oder sein muss für seine Liebe.

Als sie schlief hat er ihre Verbindung so deutlich gespürt,
tief in ihnen drinnen und weit über sie beide hinaus.

Als sie schlief,... da schlug sie die Augen auf,
schmiegte ihr Gesicht in seine Hand
und hauchte selig lächelnd:
„Mhhh, ich hab' so schön geträumt, so schön..."

Still rann eine Träne über seine Wange...

DU ALLES-UND-EINS

Du Alles-und-Eins,
hülle uns in Deine Liebe,
gib uns Vertrauen,
schenke uns Frieden,
lass' uns heil werden
durch uns're Tränen,
verwandle sie in Funken der Freude
ob des Wissens,
dass wir alle in Dir geborgen
und vereint sind.

DIE LIEBE

Liebe, alle sprechen von ihr,
jeder meint sie zu kennen,
doch, sie lässt sich nicht benennen.
Liebe – ein Wort ist zu wenig dafür:
die romantisch,
die zwischen Mutter und Kind,
die unbedingte,
die alles trägt, die alles hält,
die, die man nicht kaufen kann,
um nichts auf der Welt!
Die Liebe als Dank,
dass am Leben wir sind.

WER LIEBT

Wer liebt ist authentisch
wer liebt sorgt für sich
wer liebt ist offen
wer liebt neigt sich zu
wer liebt wahrt Grenzen
wer liebt hört wahrhaft zu
wer liebt sieht genau hin
wer liebt fühlt sich ein
wer liebt nimmt Anteil
wer liebt will verstehen
wer liebt hinterfragt
wer liebt nimmt wahr
wer liebt spürt nach
wer liebt spricht achtsam
wer liebt handelt besonnen
wer liebt respektiert
wer liebt vergibt
wer liebt trägt mit seiner Liebe
und wird von ihr getragen

AUSZEIT

AUSZEIT

In meinem Seelengarten,
da steht ein Solitär,
thront dort,
umrahmt von güldnen Gräsern.
Endlose Weite schimmert gläsern,
am Horizont versinkt
das Himmelszelt im Meer.

Aus starken Wurzeln, die ihn halten,
reckt gen Himmel er sich frei empor.
Prall quillt das Leben aus ihm hervor,
drängt ausbreitend sich zu entfalten.

Wo will ich hin, wo komm ich her,
ich weiß es längst nicht mehr –
aufgelöst sind Zeit und Raum.

Getragen von den Flügeln des Windes,
mit dem engelsreinen Staunen
eines Kindes –
bin ich nicht ich – ich bin der Baum.

TIEF VERSUNKEN

tief versunken
der Blick voller Zärtlichkeit
überfließendes Herz

KRAFTSCHÖPFEN

Wenn Du Dich ganz auf Dich einlässt,
den Mut hast, Dich sinken zu lassen
bis auf den Grund Deines tiefsten Wesens,
dann wirst Du Dich kraftvoll erheben und
wissen, was zu tun und was zu lassen ist.

RUHE & SAMMLUNG

Gönn' Dir immer wieder
Momente der Ruhe und Sammlung.
Sie schenken Dir die nötige Kraft,
Klarheit und Inspiration,
um Deine Begabungen und Fähigkeiten
zum Wohle aller zu leben.

ODE AN DEN MÜSSIGGANG

Wind auf der Haut
zerzaustes Haar
lange Schatten
Sonnenstrahlen

glitzerndes Gekräusel
rhythmisches Getöse
rollende Wogen
Wasserfontainen

Lavagestein
schwarz, bronzen, grau
löchrig, salzverkrustet
Mövengeschrei

lauschen, staunen
z e i t l o s
Leben einsaugen –
Leben sein

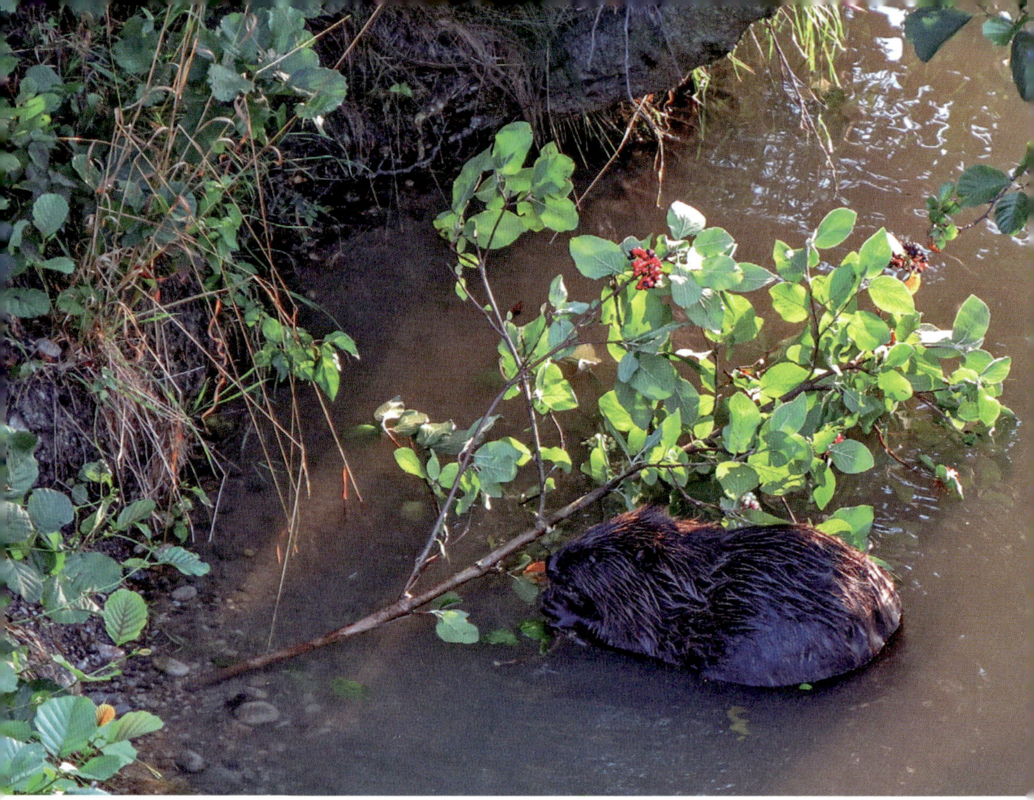
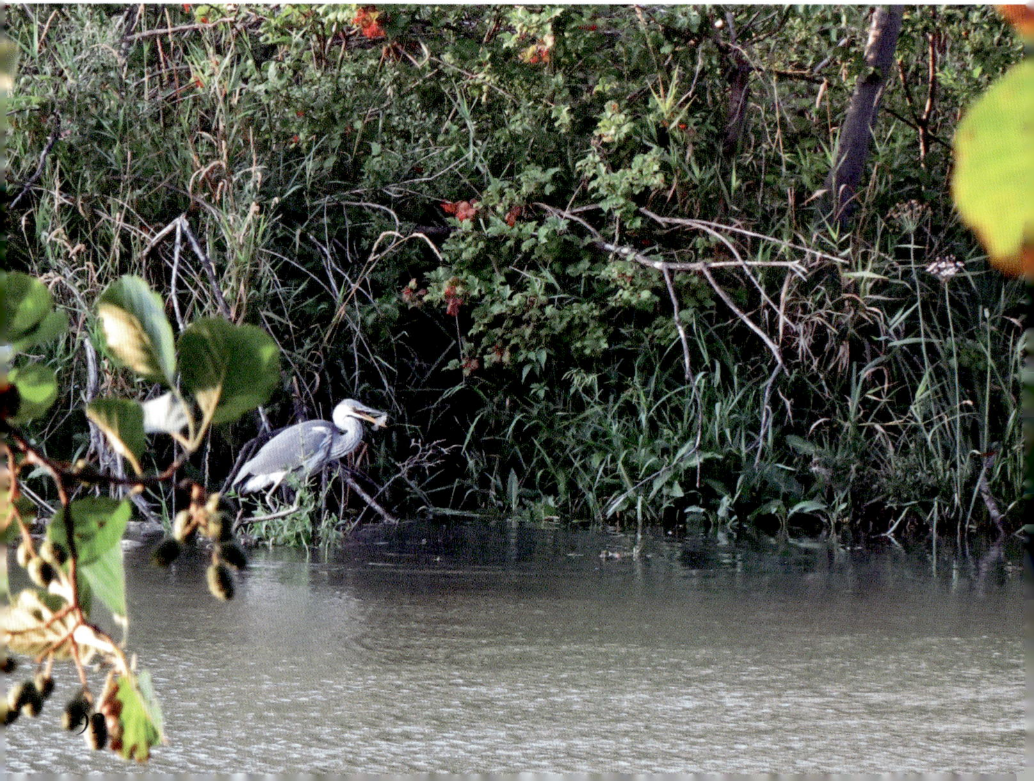

ABENDSPAZIERGANG

Mich zieht es abends nochmal in die Natur hinaus,
bin erst ein paar Schritte weg von zuhaus,
da hör ich es rascheln und knacksen, platschen –
ein Biber! Er ignoriert sogar,
dass da Leute auf der Brücke tratschen...

Hurtig auf die Brücke geeilt,
in der Hoffnung,
dass der Nager noch ein wenig verweilt.
Sogleich die Kamera gezückt
und das possierliche Tierchen adrett ins Bild gerückt –
so eine Freude, wie mich das beglückt!

Glück gehabt! Schon schwimmt er los,
taucht unter,... ja wo ist er bloß?
Mein suchender Blick streift über den Weiher,
der Biber ist weg, doch dort – ist das nicht ein Reiher?

SCHÖPFUNG

DIE SCHÖPFUNG

Wie kann ich je begreifen
wo meine Gedanken kommen her,
wie aus dem *Nichts* kann *alles* reifen?

Das, was erschien mir leer
ist voller Leben –
und es füllt sich, immer mehr!

Der Grübelei ganz hingegeben,
beginnt mein stetes Sinnen sich
dicht zu Gespinsten zu verweben.

Mein Kopf ist voll, wie hab' ich mich verloren!
Weiß längst nicht mehr wo Anfang und wo Ende ist...
Es ist genug! So lass' ich's sein, ganz unverfroren.

Oh süße Stille, wie hab ich Dich vermisst!
...und langsam, langsam beginn' ich zu begreifen...

AUGENZEUGE

rot verglüht die Sonne – Stille
rot verglüht ein Tag – Stille
rot verglüht dieser Tag – Stille
rot verglüht ein Tag meines Lebens

unwiederbringlich...

SONNENGRÜSSE

Früh, sehr früh,
um Viertel vor Sieben aus dem Bett gekrochen –
Asanas zu üben, hatt' ich mir doch fest versprochen!

Zu grüßen die Sonne,
sonst so eine Wonne,
doch heut', so gänzlich unmotiviert,
bin mit Trägheit ich konfrontiert.

Was ist denn bloß los?
Fragend und lustlos
beug' lasch ich mich vornüber hinunter –
da, mit einem Mal, bin ich putzmunter:

Es ist ein Schatten im Dämmerlicht,
der magisch meine Lethargie durchbricht.

Heut' sollte es also
keine Schulung des Körpers und der Atmung sein,
meine Achtsamkeit zu üben, dazu lädt er mich ein.

Wie weggeblasen jetzt die trüben Gedanken,
die setzten eben noch meinem Geiste Schranken.
Alle Müdigkeit verflogen,
stattdessen ist Sonne mir ins Gemüt gezogen.

Diese Veränderung
in meinem Bewusstsein
ließ finden statt,
ein einfaches Philodendronblatt.

WUNDERGESCHÖPF

Deine Schönheit hat mich angezogen,
hab Dich gedreht, gewendet und verbogen.
Mein neckender Tanz hat Dich geweckt,
enthüllte mir die Kraft, die in Dir steckt.

Du reinigst das Blut, tötest Bakterien und Viren,
Salat lässt sich mit Dir krönend garnieren.
Vortrefflich lässt Du Dich als Heilerin benützen,
um das Chakra des Herzens sanft zu unterstützen.

Heut' Nacht, grenzend an Zauberei,
rief dies' Wundergeschöpf ich herbei!
Ergeben vertieft in schöpferische Prozesse,
legte ich frei das Wesen der
Kapuzinerkresse.

KAPUZINERKRESSE

BERÜHRUNG

Es ist nicht die Rose die mich anzieht,
nicht laute, gewichtige Töne,
nicht schillernde Persönlichkeiten.
Es ist das Kleine, das Leise,
das scheinbar Unscheinbare
in allem Leben, das mich berührt.

DIE KLEINE ROSE

Unlängst erzählte ich,
dass es das Kleine ist, das Leise,
das scheinbar Unscheinbare,
das mich berührt und nicht die Rose.
Dann sah ich SIE!

Allein ihr Sein
führt mir vor Augen
wie voreilig ich meine Schlüsse zieh'.
So eng' ich mich ein und
trüb' selbst mir den Blick...

Still erinnert diese Rose mich:
Wesentlich ist dieser Augenblick –
in der Präsenz liegt die Essenz!

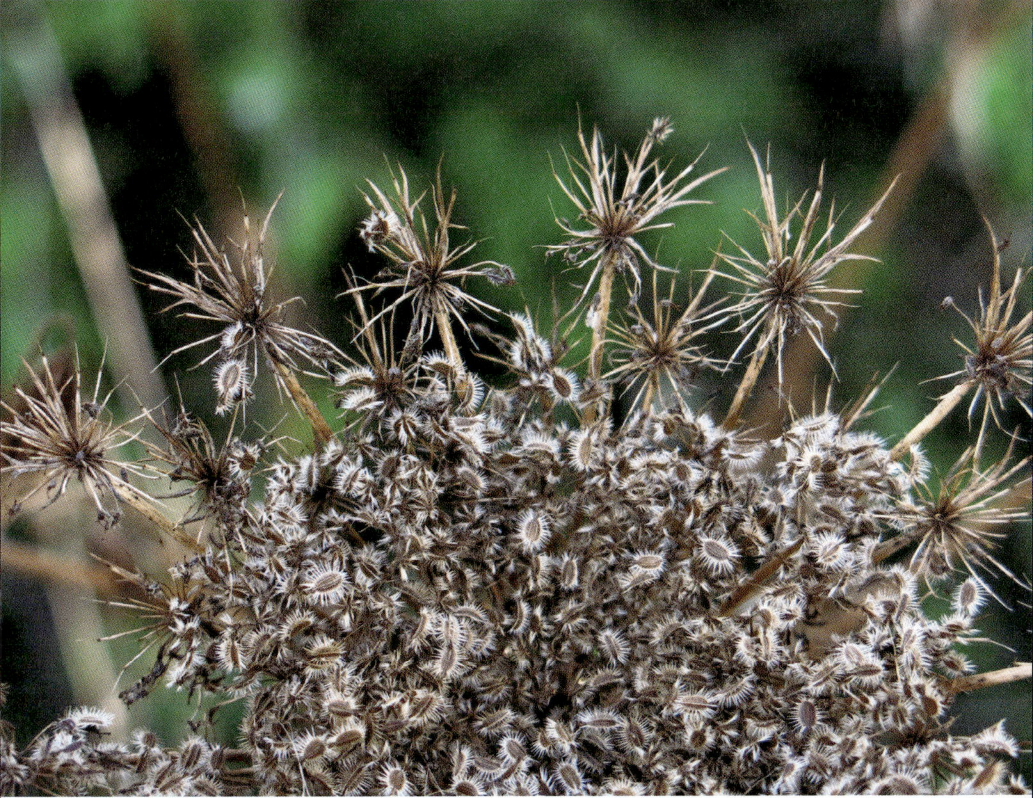
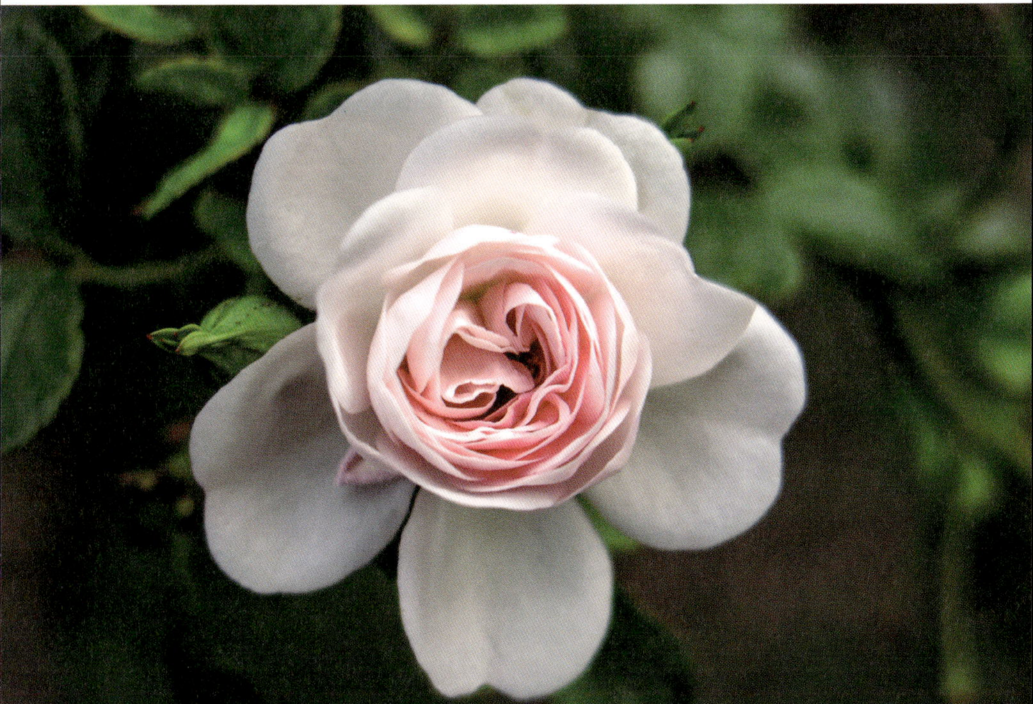

WALD

Gestillte Sehnsucht,
alles Wollen schmilzt ins Sein,
geborgen in Dir.

DEINE WURZELN

Deine Äste breitetest Du aus,
weit und immer weiter.
Den Bäumen neben Dir
nahmst Du dabei das Licht –
in Deinem Schatten ließest Du sie
gönnerhaft mit Deinen Blättern spielen.

Dann kam der Sturm, er tobte wild,
ihm reichte nicht das Blätterspiel –
er prüfte Deiner Wurzeln Halt.
Weder von Deiner Schönheit,
noch Deiner Größe ließ er sich blenden –
ein Ächzen noch, ein letztes Stöhnen,
erbarmungslos er riss Dich um!

Deine Wurzeln, nie von Dir beachtet,
ragen dem Lichte preisgegeben
bizarr gen Himmel jetzt empor.
Und langsam, ganz langsam und zart
findet Halt in ihnen neues Leben.

FESSELNDES SCHAUSPIEL

Fesselndes Schauspiel
Symphonie der Gefühle
Eintauchen ins Jetzt

FREI

Ich bin nicht frei, wenn ich mich
mit der Masse treiben lasse,
genauso wenig bin ich frei, wenn ich
gegen den Strom zu schwimmen versuche.
Frei bin ich, wenn ich mich
vom Rhythmus des Lebens tragen lasse
und das tue was mir entspricht.

NUR EIN BAUM

Für manche ist das
nur ein Baum,
für mich ist er ein Wunder,
immer wieder,
eines von unzähligen…

LIEB BIST DU MIR GEWORDEN

Ein Jahr lang hab ich Dich begleitet,
stand täglich hier ganz nah bei Dir.

Den Wind sah zärtlich ich in Deinen Blättern spielen.
Wild peitschte er sie durch Gewitter.

Ich sah Dich glänzen in der Morgensonne,
sah rot Dich – vollends ins Abendlicht getaucht.

Müd' ließest Du Deine welken Blätter fallen.
Stolz und kahl trotzen Deine Äste Kälte und Schnee.

Allmählich sah ich erste Knospen sprießen,
grün und grüner zeigst Du Dich von Tag zu Tag.

Jetzt steh' ich wieder hier bei Dir, ergriffen,
nenn' Dich nicht länger nur einfach ‚Baum' –
eine Balsampappel bist Du, weiß ich jetzt!

Lieb bist Du mir geworden, bist mir so vertraut.

ENTFALTUNG

So wie die Knospe Licht und Wärme
zur Entfaltung braucht,
so brauchen unsere Herzen
Liebe und Güte,
um sich öffnen zu können.

GLAUBE UND HOFFNUNG

Glaube und Hoffnung entspringen der Liebe.
Der Glaube an das Gute weckt das Beste in Dir,
das Beste in Dir nährt Deine Zuversicht,
Deine Zuversicht lässt Hoffnung schöpfen,
wer Hoffnung schenkt,
stärkt den Glauben an das Gute.

115

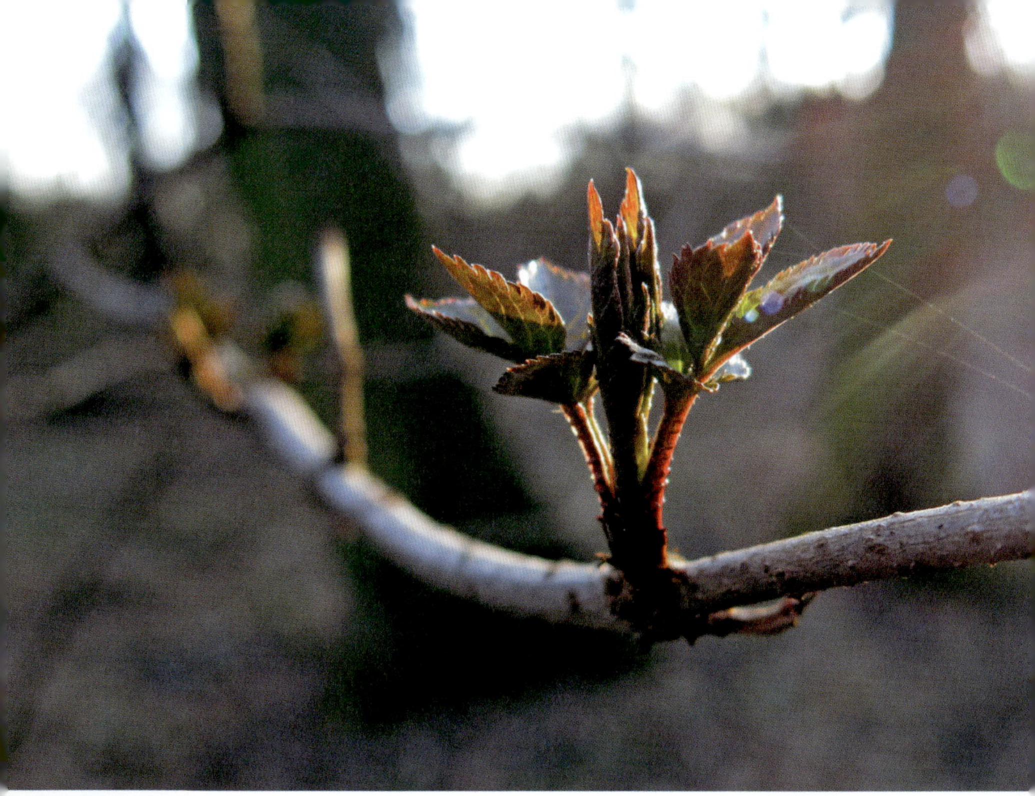

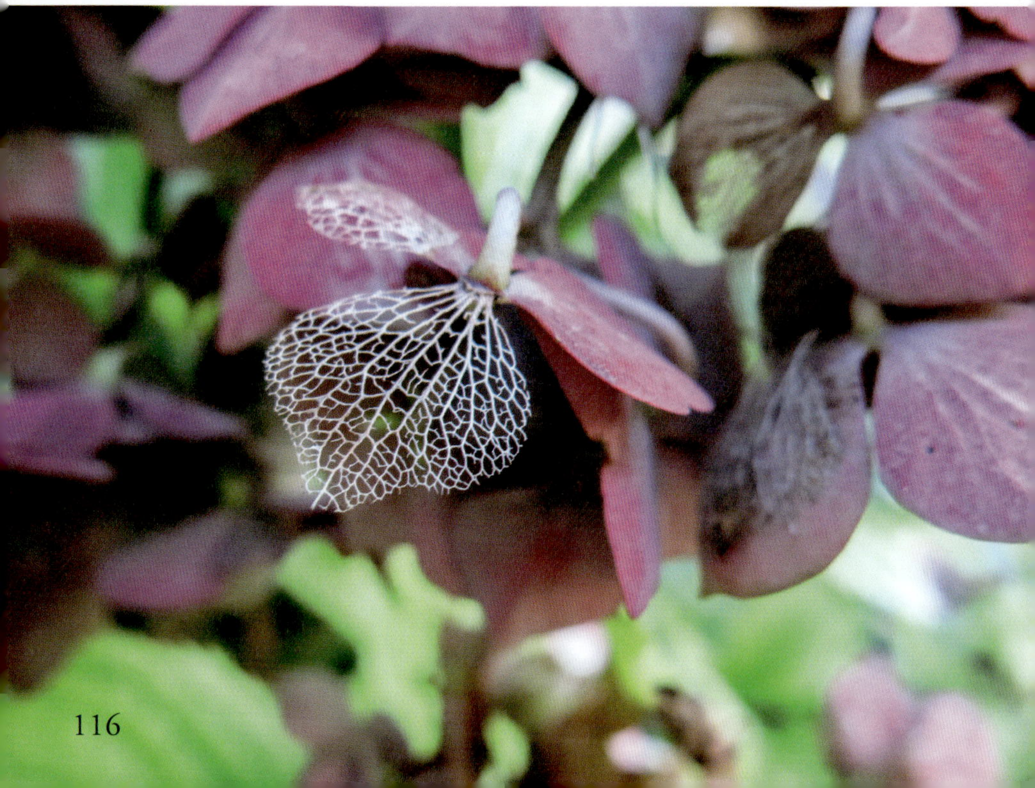

DIE EINFACHEN DINGE

Es sind meist die einfachen Dinge,
die unser Herz berühren.

VERGÄNGLICHE SCHÖNHEIT

Vergängliche Schönheit,
welch' filigranen Liebreiz
birgst Du in Dir.

LEBENSLAUF

anmutig zart
unbändig kraftvoll
strotzt
zwischen Dornen
dicht an dicht
karg und spröd
undurchdringlich
unbeirrbar
neues Leben
hoheitsvoll
ewiglich

*Von der ungewöhnlichen Dichte dieser Dornen angezogen
entdeckte ich den zarten Spross. Neues Leben, das trotz
seiner Empfindsamkeit mit aller Macht aus dem harten
Holz bricht. Ist solch Schauspiel nicht immer wieder Wunder?*

DER KAKTUS

Mein stacheliges Kleid
so merk ich mit Entsetzen,
soll schützen mich vor Leid –
wirst Du Dich daran verletzen?

So leicht lässt Du Dich nicht
verschrecken,
immer näher zieht's Dich zu mir hin.
Ganz behutsam, Schritt für Schritt,
mein Vertrauen zu erwecken,
danach steht Dir der Sinn.

Von Deiner Beharrlichkeit berührt,
zeig' zwischen Stacheln ich mein Herz.
Zur Öffnung hast Du mich verführt,
dankbar weite ich es himmelwärts.

GÖTTLICHE ORDNUNG

Ich bin zerstreut,
unruhig, fahrig –
fühl mich zerstückelt,
verschoben, verrückt.

Da seh ich sie!
Leuchtend orange,
kontrastreich
zu sattem Grün,

harmonisch in Form,
reiche an Fülle –
göttlich die Ordnung.

Diese Betrachtung –
sie rückt zurecht,
setzt neu zusammen,
bringt so auch mich
wieder in meine Mitte.

JAHRESZEITEN

FRÜHLINGSWEHEN

Ein Hauch von Kindheit weht in Dir,
Du holde Frühlingsluft.
Dein Blütenzauberduft
küsst Mädchentage wach in mir.

Du bringst zum Keimen,
was im Verborg'nen schlummert,
sprichst von Zartheit, die in Leichtigkeit erblüht
und von Wachstum, das so wundersam geschieht.
Wie Eis schmilzt hinweg Du alles Schwere,
ganz unbekümmert.

Deine Wiederkehr bringt Licht und Leben,
ist uns Hoffnung, wie auch Segen,
verleiht den kargen Tagen Sinn.

Ergeben eingebunden in die Ewigkeit,
gebierst frohlockend Du die Zeit
für Anfang und für Neubeginn.

WALPURGISNACHT

Ausgelassen der Hexen Tanz,
Schattengestalten, Ungeheuer,
mystisch lodernde Lagerfeuer,
lechzend im Katzenaugenglanz.

Maibaumwachen, Schutzgesänge,
Sommerahnungs-Freudentänze,
Gundelreben-Festtagskränze,
weithin tönend, Glockenklänge.

Du Nacht, voll transformativem Zauber
– Lebensfreude besiegt den Schauder,
der zäh uns in Erstarrung hielt.

Jung entsteigt aus Deiner Feuer Asche der Mai.
Des Frühlings liebstes Kind setzt neue Kräfte frei,
überschäumend aus allen Poren Leben quillt.

ROTER MOHN

Wenn zarte Töne
satten Farben weichen,
roter Mohn,
dann ist es soweit,
roter Mohn,
es wird wieder Sommer.

SOMMERABEND

glosend die Flammen
mystisch knisternd das Feuer
orangerot das Licht

fröhliches Stimmengewirr
im Teich versinkt der Himmel

LAUSCHEN IN DIE DÄMMERUNG

Grundton – Grillenkonzert
ein nahend' Auto den Frieden stört
nicht nur der Motor, auch das Radio plärrt!
Grundton – Grillenkonzert

SONNENRAD

Zwischen Sommer und Herbst,
in diesem Zwischenraum,
da strotzt vor Sattheit alles Leben.
Spinnen beginnen die Zeit zu verweben
mit ihren Netzen, von Baum zu Baum.

Moos und Moder erdig verströmen ihren Duft,
anmutig zauberhaft der Tanz der Bäume Kronen,
Schatten und Licht scheinen die Stille zu vertonen –
bis jäh der Ruf einer Elster zerschneidet die Luft.

Im Blätterdach, noch dicht an dicht,
manch' Gelb jetzt schon das Grün durchbricht –
beharrlich folgend dem ewigen Pfad.

Unendlich scheint des Himmels Bläue,
als schwüren Engelchöre Treue
beim Drehen an der Sonne Rad.

MEINE FRÜCHTE

Die Schwere meiner Früchte
ist kaum mehr zu tragen.
Ein letztes Mal noch
all meine Kräfte bündeln,
um sie zur Reife zu treiben.

Will sie dann frei geben,
fallen lassen will ich sie,
fallen in den Schoß
von Mutter Erde.

Ihr Duft möge locken,
ihre Schönheit erfreuen,
ihre Süße munden,
ihr Gehalt nahrhaft sein.

Und ich? Ich werde ruhen,
werde Einkehr halten,
mich zurückziehen, sammeln,
mich empfänglich machen
für neue Knospen.

WEHMUT UND SEHNSUCHT

Wie früh jetzt schon der Tag verblasst,
ein wenig Wehmut mich erfasst.
Doch dieses warme, weiche Licht,
weder von Verlust spricht,
noch von Verzicht.

Saat wurde gesät, Ernte eingebracht,
die Trauben werden schon gelesen,
Frühling und Sommer sind tatkräftig
ausgefüllt gewesen.

Das Licht, es verheißt Gemächlichkeit,
verkündet Rückzug aus betriebsamer Zeit.
Und schon macht sich Sehnsucht in mir breit,
Sehnsucht nach Ruhe und Geborgenheit.

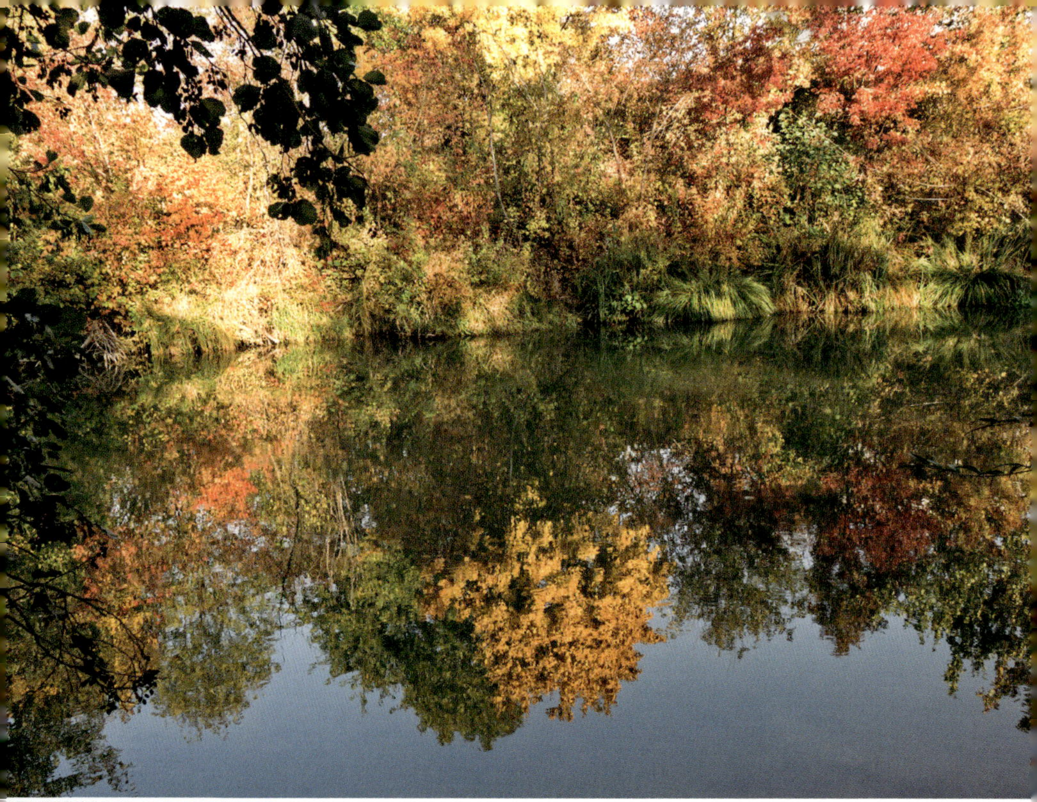

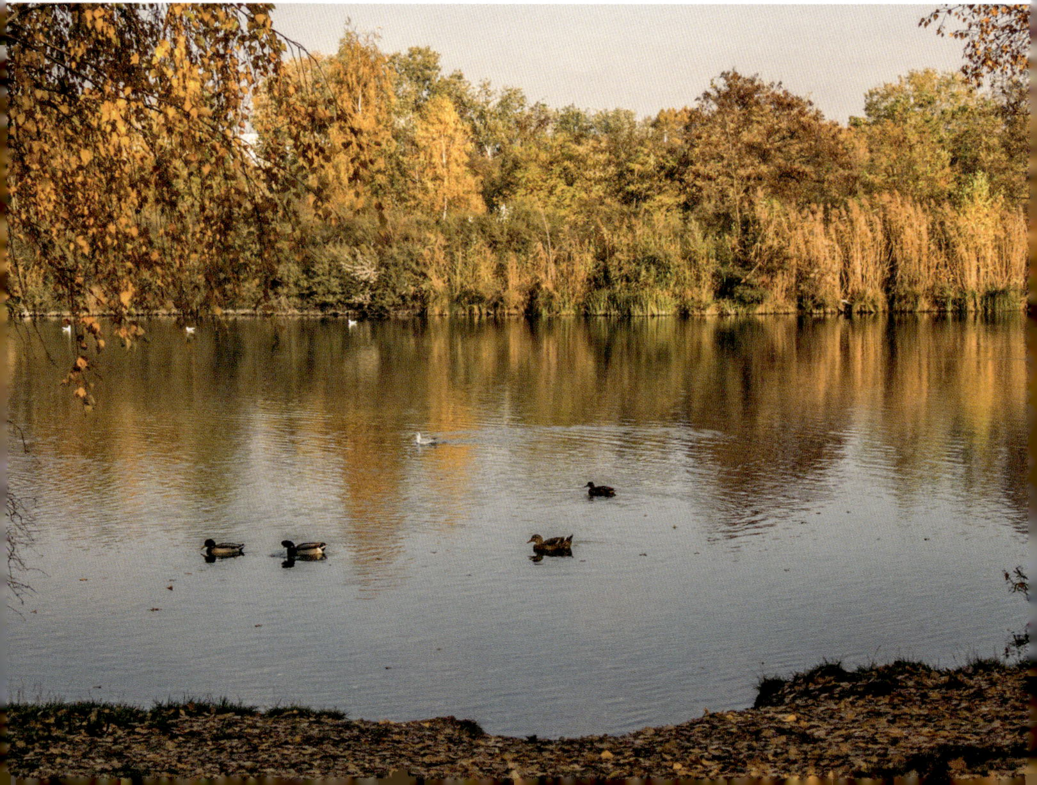

GOLDENER HERBST

Herbst,
Du wirst auch dunkel sein,
und nass, und kalt, und grau in grau.
Doch – noch ist es nicht so weit,
Du trägst für uns Dein schönstes Kleid.
Mit Deinem milden Licht, den warmen Farben
und Deinen vielfältigen Gaben
stimmst Du uns behutsam darauf ein.

HERBSTSEGEN

Mögest Du die Qualität dieser Zeit
nicht als bedrückende Schwere,
sondern als Erinnerung
an die Vergänglichkeit
und feierlichen Ausdruck
der Dankbarkeit wahrnehmen.

HERBSTGEDANKEN

Ich rüttle Dich durch,
befrei Dich von Überflüssigem,
werfe Dich auf Dich selbst zurück –
wie ein tobender Sturm.

Ich dämpfe Deine lauten Töne,
mildere Deine harten Worte,
verschleiere Deine Konturen –
wie herbstlicher Nebel.

Ich zeichne Dich weich,
male Dich in warmen Farben,
stimme Dich zärtlich –
wie goldenes Herbstlicht.

AKKORD WECHSEL

Leise verklingen fröhliche Lieder,
getragen hallt Dur jetzt in Moll wider.
Melancholische Weisen bestimmen die Zeit –
fügsam zum Rückzug bereit, voller Dankbarkeit!

WINTERWALD

Die Welt
erschien mir
trist und grau,
eisiger Wind
blies mir hart
ins Gesicht,
doch dann
betrat ich Dich...

DIE NATUR RUHT

Die Natur ruht, es ist kalt,
die Tage werden immer kürzer.
Ich will es ihr gleichtun,
will leiser und langsamer werden.

Nur eins will ich nicht,
will nicht kälter werden –
ich will Wärme verbreiten,
will für Geborgenheit sorgen!

NÄHRBODEN

Ich ziehe mich zurück,
werde immer stiller.
In mir ist tiefe Ruhe.

Diese Ruhe ist mir Nährboden.
In ihr keimt es, beginnt es zu sprießen.

Ich spüre die wachsende Kraft.
Sie drängt nach außen,
will sich schon bald zeigen.

WELT*geschehen*

ZERREISSPROBE

Wie soll ich bei mir bleiben,
wenn ringsum die Welt zu zerbrechen droht,
wo so unendlich viel Leid und Not
bringt der Menschen unmenschliches Treiben?

Die Welt könnt' so schön sein,
trüg' jeder sein Stückchen zum Wohl' aller bei –
diese Spannung zwischen Soll und Sein
reißt mich förmlich entzwei,
vernebelt selbst mir der Sonne Schein.

Nein, ich lass' es nicht zu,
dass dies Denken-im-Kreis mir
lähmend raubt meine Ruh!
Diese Mühe ist vergebens.

Mutig will ich den Kurs
der Schöpfung beibehalten,
beharrlich mein Potenzial
lebensfördernden entfalten.
Das ist das Ziel meines Bestrebens.

LIEBE FÜR DIE WELT

DIE WAHL

Ich würd mich so gerne
für einen Menschen entscheiden!
Für einen Menschen, der sich
nicht über die Dinge stellt,
sondern mitten hinein!

...der Werte achtet und Werte lebt,
der weder von gestern träumt
noch von morgen schwärmt,
sondern präsent ist, hier und heute!

Ich würd mich so gerne
für einen Menschen entscheiden!
Für einen Menschen, der ohne
nach links oder rechts zu schielen,
ohne taktisch mit Menschen zu spielen,
authentisch verantwortungsbewusst ist.

Ich würd mich so gerne
für einen Menschen entscheiden!
Für einen Menschen, der Mut macht,
wo andere Ängste schüren,
der Sorgen ernst nimmt,
sie nicht verlacht.

Ich würd mich so gerne
für einen Menschen entscheiden!
Für einen Menschen, der aufrichtig ist
und der niemals das Wichtigste vergisst –
es geht nicht um Niederlage oder Sieg,
nicht um persönliches Empfinden,
sondern darum, Menschen mit Menschen zu verbinden!

ICH GLAUBE AN UNS

Unsere Zeit hier auf Erden ist viel zu kostbar, um sie
mit Spielchen wie *meines ist besser als deines*
zu vergeuden.

Ich glaube daran, dass es Zeit ist, Zeit das ewige
Gegeneinander zu beenden, um freien Blick auf das
zu schaffen, was uns verbindet, auf das, was uns als
Menschen ausmacht und guttut.

Ich glaube daran, dass es Zeit ist, Meinungen nicht
mehr gegeneinander auszuspielen, sondern neben-
einander zu stellen, um ihnen die Essenz, die das Wohl
aller zum Ziel hat, entziehen zu können.

Ich glaube daran, dass wir manchmal einen Vorschuss
an Vertrauen brauchen, der uns bestärkt, für das,
was uns wichtig ist, einzutreten.

Ich glaube daran, dass die Zeit reif ist, zu begreifen,
dass wir miteinander so viel mehr sind, als jeder
für sich. Ich glaube unerschütterlich an ein gutes
Miteinander – Füreinander!

Liebe Leserin, lieber Leser,

es freut mich, dass Sie sich eingelassen haben auf diese Tanzerei, auf meinen Tanz durchs Leben. Wir sind die Tänzer. Stimmungen kommen und gehen, Rhythmen wechseln, Tanzpartner lösen einander ab, doch solange wir tanzen, gehört das Parkett uns. Erobern wir es und erfüllen es mit Leben.

Danke für diesen Tanz, leben Sie wohl!

Martina Pokorny